Claudia Dreizler

Tante Lene kocht ein

Claudia Dreizler

TANTE LENE KOCHT EIN

Freches aus der Früchteküche: Marmeladen, Chutneys und Gelees

JAN THORBECKE VERLAG

VERLAGSGRUPPE PATMOS

PATMOS
ESCHBACH
GRÜNEWALD
THORBECKE
SCHWABEN

Die Verlagsgruppe
mit Sinn für das Leben

MIX
Papier aus verantwortungsvollen Quellen
FSC® C028513

Für die Schwabenverlag AG ist Nachhaltigkeit ein wichtiger Maßstab ihres Handelns. Wir achten daher auf den Einsatz umweltschonender Ressourcen und Materialien.

www.thorbecke.de

Fotografie: Sven Falk, Dettingen (www.svenfalk.com)
Gestaltung: Finken & Bumiller, Stuttgart
Druck: Neue Süddeutsche Verlagsdruckerei, Ulm
Hergestellt in Deutschland
ISBN 978-3-7995-0691-5 (Print)
ISBN 978-3-7995-1029-5 (eBook)

INHALT

WARUM DIESES BUCH?

„Wenn ich im Obstgarten spaziere, sehe ich ihn schon als Konfitüre“

STANISLAW JERZY LEC, (1909–1966, POLNISCHER LYRIKER)

Aufgewachsen bin ich auf dem Land mit einem großen Garten und einer Familie, die gerne ihr Wissen über die Natur und ihre Rezepte weitergab. Und so koche ich, seit ich zurückdenken kann, die Früchte des Gartens ein.

Dieses Buch möchte einige Anregungen geben und Mut und Lust auf das Erproben der unterschiedlichen Arten des Konservierens machen. Ganz im Sinne meiner Tante Lene, deren alte Kochbücher, darunter ein Einmachbuch von 1910, die Grundlagen meiner Rezepte bilden. Mit meiner Kreativität versetzt haben diese Rezepte auch nach über 100 Jahren noch ihre Berechtigung. Tante Lene war eine bodenständige, lebensbejahende Frau, die die Natur und besonders ihren Garten liebte und deren Ziel es war, nichts von ihrer großen Ernte verkommen zu lassen. Und so wird mir ihre Vorratskammer ewig als gut und lecker gefüllt in Erinnerung bleiben. Ihr Lebensmotto wurde auch meines:

„Die Natur schenkt uns viele leckere Früchte, deshalb ernte mit Respekt und koche und rühre mit Liebe – das wird man schmecken!“

Der Garten hinterm Haus, wie auch ihr Gartengrundstück oder auf Schwäbisch ihr „Stückle“, beherbergen Obstbäume, Beeren- und Wildsträucher, Erdbeer- und Rhabarberpflanzen, ein Kräuterbeet, einen Walnussbaum und natürlich auch einen Holunderstrauch, der früher als Schutzbaum an jedes Haus gehörte. Dieser Garten ist nun meiner, und alle Rezepte in diesem Buch wurden mit den Früchten aus diesem wunderbaren Stück Erde erprobt. Den Anfang meines Erntejahrs bildet der Rhabarber, und Quitten und Maroni beenden dieses. Und der kleine Laden, in dem ich Selbstgemachtes aus dem Garten verkaufe, heißt daher ebenfalls nach Tante Lene.

Sollten Sie keinen Garten ihr Eigen nennen, dann empfehle ich einen Besuch auf den Wochenmärkten der Region oder auch die Streuobstbörse ihrer Stadt. Oder schauen Sie einmal überregional bei http://www.streuobstwiesen-boerse.de vorbei.

Selberkochen bedeutet zu wissen, was in den Gläsern ist. Selbermachen ist nachvollziehbar. Auch habe ich immer ein nettes Geschenk parat. Schön Verpacktes aus der Vorratskammer freut jeden. Sollten sich überraschend Gäste ankündigen – ich bin vorbereitet: Eine Crostata (S. 78), ein Mürbeteig gefüllt mit einem Glas Marmelade, ist binnen einer Stunde fertig und so lecker, dass Ihnen das Lob der Gäste sicher ist.

Probieren Sie die Rezepte aus, gerne können Sie nach Lust und Laune Zutaten austauschen, behalten Sie jedoch bitte das Verhältnis von Frucht und Zucker bei, damit die optimale Konsistenz erhalten bleibt.

Ich wünsche gutes Gelingen!

Claudia Dreizler („Tante Lene“)

TIPPS UND TRICKS AUS TANTE LENES KÜCHE

Zucker, Gelierzucker oder Zucker und Pektin? Zitronensäure?

Damit Marmeladen und Gelees haltbar und fest werden, brauchen sie Zucker und Pektin. Viele Früchte, besonders die sauren und harten, setzen bei langem Kochen mit Zucker selbst genug Pektin frei und gelieren so mit einfachem Haushaltszucker. Beim stundenlangen Kochen gehen aber wertvolle Inhaltsstoffe der Früchte verloren. Im Gelierzucker aus dem Handel ist das Pektin schon enthalten, bei 2:1- oder 3:1-Zucker werden außerdem Konservierungsmittel zugesetzt, weil der geringere Zuckergehalt die Marmelade nicht so gut konserviert. Wer das nicht möchte, kann sein Pektin auch selbst herstellen. Das erste Rezept in diesem Buch beschreibt, wie man selbst Pektin aus Äpfeln gewinnt (S. 12). Für meine Rezepte nehme ich normalerweise 2:1-Gelierzucker. Außerdem habe ich immer etwas Zitronensäure-Pulver vorrätig. Das Pulver kann man im Supermarkt oder in der Apotheke in kleinen Papiertüten kaufen.

Welche Früchte enthalten viel oder wenig Pektin?

PEKTINREICH	MITTLERER PEKTINGEHALT	PEKTINARM
Rhabarber	Himbeere	Erdbeere
Stachelbeere	Brombeere	Traube
Johannisbeere	Feige	
Heidelbeere	Birne	
Zucchini	Alle Steinobstsorten	
Tomate		
Möhre		
Apfel		
Zierquitte		
Quitte		
Mispel		
Und alle unreifen Früchte		

Was für Töpfe, Geräte, Löffel, Siebe?

KOCHTOPF am besten aus Edelstahl und möglichst hoch, da das Kochgut manchmal schäumt

DAMPFENTSAFTER aus Tante Lenes Erbmasse, kann man in der Aluminiumversion im Internet ersteigern oder auf Flohmärkten erstehen oder in der neueren Edelstahlvariante in Haushaltswarengeschäften.

EINKOCHAUTOMAT Im Prinzip ist das ein großer, elektrisch heizbarer Kessel, in den die gefüllten und verschlossenen Gläser in einem Einsatz ins Wasserbad gestellt und dort erhitzt werden. Die Anleitungen der Geräte erklären die Einzelheiten. Wer keinen Einweckautomaten besitzt, kann sich mit dem Backofen behelfen und die Gläser dort in einem flachen Wasserbad 20–30 Minuten lang auf 100 Grad erhitzen.

PÜRIERSTAB unentbehrlich zum Zerkleinern, macht das Gekochte fein und cremig

PASSIERTUCH um den Saft vom gekochten Obst zu trennen

TEIGSCHABER um den letzten leckeren Marmeladenrest aus dem Topf zu holen.

FLOTTE LOTTE einfach an der Kurbel gedreht, und gekochtes Obst wird zu feinem Mus. Es gibt verschiedene Einsätze, von grob bis sehr fein!

WAAGE, AM BESTEN MIT ZUWIEGEFUNKTION genaues Wiegen ist unerlässlich für ein gutes Gelingen

MARMELADENTRICHTER Das Glasrand bleibt sauber (sonst droht Schimmel!) und die Küche auch.

GLÄSER Natürlich kann man auch gebrauchte Gläser nehmen, jedoch sollte der Deckel ausgetauscht werden

(GLÄSER, FLASCHEN UND DECKEL ÜBER WWW.BOCKMEYER.DE ODER WWW.FLASCHENBAUER.DE)

Welche Gläser?

Ich verwende normale Twist-Off-Gläser, die ich vor der Verwendung heiß auskoche. Für das letzte Restchen immer auch kleine Gläschen zur Hand haben!

Muss man Schaum wirklich abschöpfen?

Den Schaum, der sich besonders bei Erdbeermarmelade beim Kochen bildet, schimmelt leicht und verblasst auch mit der Zeit im Glas. Man sollte ihn daher vor dem Abfüllen abschöpfen. Ich mixe mir meistens eine schöne Fruchtmilch mit dem Schaum in frischer Milch. Allerdings habe ich die Erfahrung gemacht, dass sich bei Gelierzucker 2:1 nicht mehr so viel Schaum bildet und dass der Schaum nach längerem Kochen weniger wird.

Was ist eine Gelierprobe?

Mit der Gelierprobe stellt man fest, ob Marmelade oder Gelee schon bereit zum Abfüllen sind. Dazu stellt man vor dem Kochen eine Untertasse in den Kühlschrank. Wenn die Marmelade lange genug gekocht hat, nimmt man einen Löffel davon ab und gibt ihn auf die kalte Untertasse. Wenn die flüssige, heiße Marmelade auf dem kalten Untergrund zäh wird, ist sie bereit zum Abfüllen.

Was tun, wenn die Marmelade nicht geliert?

Wenn die Gelierprobe misslingt, kann man die Marmelade einfach noch etwas länger kochen lassen, oder aber man gibt etwas Zitronensäure hinzu, die bringt das Pektin zum Gelieren. Wenn das auch nicht reicht, gebe ich noch etwas von meinem selbst gemachten Apfelpektin in die Marmelade und koche das Ganze noch einmal auf.

Wie abfüllen?

Die Marmeladengläser und ihre Deckel erhitze ich direkt vor dem Abfüllen im Wasserbad oder im Backofen. Oder ich nehme die Gläser noch heiß aus der Spülmaschine. Die heißen Gläser haben nicht nur den Vorteil, dass sie frisch sterilisiert sind, sondern sie zerspringen auch nicht durch den Temperaturunterschied. Die Marmelade noch heiß in die heißen Gläser füllen, diese fest verschließen und für wenige Minuten auf den Kopf stellen.
Auf dem Etikett vermerke ich immer die Zutaten und das Herstellungsdatum. Kopiervorlagen für hübsche Etiketten finden Sie auf S. 88.

APFELPEKTIN

FÜR CIRCA 500 ML APFELPEKTIN:

3 kg Äpfel, möglichst unreife Früchte
1,5 l Wasser
Saft einer Zitrone

(1) Äpfel, ungeschält und mit dem Kerngehäuse, in Stücke oder Scheiben schneiden.
(2) Mit dem Wasser im Topf angießen und zum Kochen bringen. 30 bis 40 Minuten leicht vor sich hin köcheln lassen, bis die Äpfel weich sind.
(3) Ein Sieb mit einem Passiertuch auslegen. Die weichen Äpfel hineingeben und 24 Stunden an einem möglichst kühlen Platz über einer Schüssel abtropfen lassen.
(4) Am nächsten Tag den so erhaltenen Saft in einen Topf umgießen und unter Rühren auf etwa die halbe Menge einkochen lassen. Dies geht am leichtesten bei knapp unter 100 Grad. Das Ergebnis sollte eine sirupartige Konsistenz haben.
(5) Nun den Pektinsirup in Gläser abfüllen und im Kühlschrank aufbewahren. So hält er bis zu 4 Monate. Man kann die Masse auch einfrieren oder in Twist-Off-Gläser einkochen, indem man die verschlossenen Gläser im Wasserbad kochen lässt: 15 Minuten bei 100 Grad.
(6) Mischungsverhältnis: 100 g Pektinsirup und 150 g Zucker gelieren 600 g pektinarme Früchte (s. S. 9).

TANTE LENES TIPP

Die Äpfel können auch mit dem Dampfentsafter verarbeitet werden. Den Saft kann man wie im Rezept beschrieben weiterverarbeiten.

FRÜHJAHR

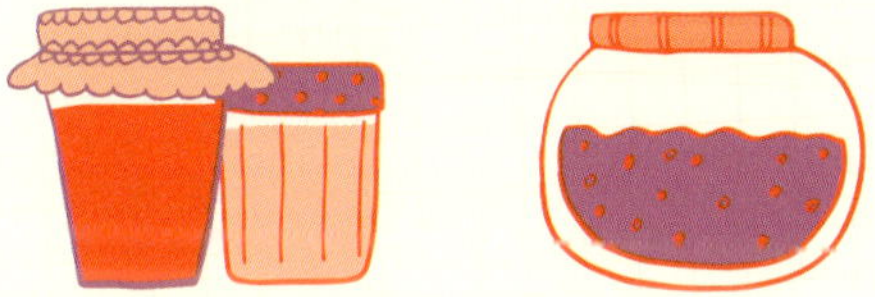

ERDBEER
MOHN

Erdbeer-Aufstrich mit Mohn

ZUTATEN

900 g Erdbeeren
100 g gemahlener Mohn
Saft einer ½ Orange
500 g Gelierzucker 2:1

(1) Die Erdbeeren putzen und vom Strunk befreien. Danach vierteln und mit dem Gelierzucker in einen Topf geben. 1 Stunde durchziehen lassen.

(2) Nun den Mohn in einer Pfanne ohne Fett rösten, bis er zu duften beginnt. Dann mit dem Orangensaft ablöschen.

(3) Die Erdbeeren mit dem Gelierzucker unter Rühren zum Kochen bringen und 4 Minuten sprudelnd kochen lassen. Den Mohn hinzugeben und das Ganze noch weitere 2 Minuten sanft köcheln lassen.

(4) Noch heiß in Twist-Off-Gläser füllen. Während des Abkühlens immer wieder schütteln, damit der Mohn sich schön im Glas verteilt.

TANTE LENES TIPP

Erwärmt ergibt dieser Aufstrich eine wunderbare Soße über Vanilleeis oder zu Pudding.

ERDBEER-AUFSTRICH MIT BASILIKUM

ZUTATEN

1 kg Erdbeeren
20 Blätter Basilikum
50 ml möglichst alter Balsamico
500 g Gelierzucker 2:1

(1) Die Erdbeeren putzen und klein schneiden. Mit dem Gelierzucker aufkochen und 4 Minuten kochen lassen. Vom Herd nehmen. Nun den Balsamico und die Basilikumblätter zu der Fruchtmasse geben und kurz pürieren.
(2) Noch heiß in Gläser füllen.

TANTE LENES TIPP

Die Idee zu diesem Rezept entstand bei einem Besuch beim Italiener: Dort gab es Erdbeersalat mit Basilikumblättern und Balsamico. Wunderbar schmeckte der! Das geht bestimmt auch als Marmelade? – Es geht, und so erinnere ich mich immer wieder beim Frühstück an den leckeren Abschluss eines italienischen Menüs.

BALS
AMiCO
BASiL*
iKUM

RHABARBER-AUFSTRICH

ZUTATEN

1 kg Rhabarber
500 g Gelierzucker 2:1
1 TL Vanillepulver (gemahlene Vanille)
1 TL Ingwerpulver

(1) Die Rhabarberstiele waschen und schälen. Danach in kleine Stücke schneiden und mit dem Gelierzucker einzuckern. Abgedeckt über Nacht stehen lassen.
(2) Am nächsten Tag die Gewürze zugeben und alles 4 Minuten kochen lassen.
(3) Noch heiß in Gläser abfüllen.

TANTE LENES TIPP

Es gibt grundsätzlich drei Rhabarbersorten: Rhabarber mit grüner Schale und grünem Fruchtfleisch garantieren einen hohen Ertrag. Diese Sorten haben einen eher sauren Geschmack, da sie einen hohen Anteil an Oxalsäure haben. Bei sehr empfindlichen Menschen kann dies zu allergischen Reaktionen führen. Rhabarbersorten mit rötlicher Schale und grünem Fruchtfleisch sind wesentlich milder. Am süßesten schmecken die Sorten mit rotem Stiel und rotem Fruchtfleisch. Hier ist der Anteil an Frucht- und Oxalsäure zudem deutlich geringer.

RHAB
ARBER *

ROSE
HiMBEER
ZiMT *
WECK

ROSEN-HIMBEER-ZIMT-SALZ

ZUTATEN

1 Tasse frische Himbeeren (200 g)
1 EL rosa Pfeffer
2 Zimtstangen
3 EL gemahlener Kardamom oder 2 Kapseln
je nach Geschmack 2 EL getrocknete Minze
200 g grobes Meersalz
6 EL getrocknete Duftrosen

(1) Die Himbeeren im Backofen bei 100 °C und bei geöffneter Klappe über Nacht trocknen lassen.
(2) Zimt, Kardamom und Pfeffer mit dem Pürierstab oder der Küchenmaschine fein mahlen.
(3) Duftrosen, getrocknete Himbeeren und das Meersalz dazugeben, kurz mahlen und gut mischen.
(4) Dunkel und trocken gelagert hält dieses Salz mehrere Monate.

TANTE LENES TIPP

Mir schmeckt das Salz am besten zu einem Brot, dieses kurz in gutes Olivenöl getaucht und ins Salz gedippt. Herrlich im Sommer zu einem guten Glas Wein! Auch als Gewürz zu Lamm, Rind und Couscous ist das Salz sehr lecker.

KIRSCH-AUFSTRICH MIT MARZIPAN

ZUTATEN

1 kg Kirschen, am besten Süßkirschen, aber auch Sauerkirschen sind geeignet
200 g Marzipan
500 g Gelierzucker 2:1

(1) Die Kirschen entsteinen und halbieren. Mit dem Gelierzucker aufkochen und 4 Minuten sprudelnd kochen lassen. Nun die Marzipanmasse kleinbrechen und zur Fruchtmasse geben. Leicht köchelnd rühren, bis sich die Marzipanmasse aufgelöst hat.
(2) Noch heiß in Gläser füllen.

TANTE LENES TIPP

Legen Sie die Kirschen für 2 Stunden in die Gefriertruhe, leicht angefroren lassen sich die Kirschen leichter entsteinen. Besonders gut schmeckt selbstgemachtes Marzipan (s. S. 85)

MIT
MARZIPAN

ESTRA
*
GON

Mirabellen-Aufstrich mit Estragon

ZUTATEN

1 kg Mirabellen (entsteint gewogen)
500 g Gelierzucker
5 Zweige Estragon
Saft einer ½ Zitrone

TANTE LENES TIPP

Mirabellenmarmelade schmeckt fruchtig mit einer leicht säuerlichen Note und ist nicht ganz so süß wie Zwetschgenmarmelade.

(1) Mirabellen abspülen und gut abtropfen lassen, dann vierteln und den Stein entfernen. Mirabellen abwiegen und in einen Topf geben. Gelierzucker zugeben, gut umrühren und ca. 2 Stunden stehen lassen.
(2) Die Masse unter Rühren sprudelnd aufkochen lassen. Dann die Temperatur etwas reduzieren und die Mirabellenmarmelade weitere 4 Minuten sprudelnd kochen lassen. Immer wieder rühren.
(3) Gegen Ende der Kochzeit den kleingeschnittenen Estragon und den Zitronensaft zufügen, um den Geschmack abzurunden. Die Mirabellenmarmelade wird durch den Zitronensaft etwas intensiver in der Farbe. Wer die Marmelade lieber samtig mag, kann sie zusätzlich mit dem Pürierstab pürieren.
(4) Mirabellenmarmelade noch heiß in ausgekochte Marmeladengläser füllen.

LÖWENZAHN-„HONIG“

ZUTATEN

1 Liter Wasser
1 kg Zucker
Saft von ½ unbehandelten Zitrone
4 große Hände voll Löwenzahnblüten
(ausschließlich die gelben Blütenblättchen, möglichst bei Sonnenschein gepflückt)

(1) Die Löwenzahnblüten in einem Liter Wasser aufkochen. Über Nacht auskühlen und ruhen lassen.
(2) Am anderen Tag abseihen, dabei die Blüten gut ausdrücken. Den Zucker und den Zitronensaft dazugeben. Die Flüssigkeit erhitzen und unter Rühren immer wieder aufwallen lassen, bis eine streichfähige Masse entsteht. Jedoch nicht kochen lassen!
(3) Noch heiß in Gläser abfüllen.

TANTE LENES TIPP

Tipp: So braucht es mehr Zeit, gelingt aber leichter: Den Sirup zunächst erhitzen, um ihn dann wieder erkalten zu lassen. Nach dem Erkalten wird das Ganze erneut aufgekocht und danach wieder abgekühlt. Diese Prozedere wiederholen, bis die honigartige Konsistenz erreicht ist.

SOMMER

HIMBEER-LIMES

ZUTATEN

150 g Zucker
1/8 l Wasser
375 g Himbeeren
10 cl Zitronensaft
20 cl Wodka

(1) Zucker und Wasser unter Rühren aufkochen. Abkühlen lassen. Dieses Zuckergemisch nennt man Läuterzucker. Den Läuterzucker mit den restlichen Zutaten mischen und fein pürieren.
(2) Schmeckt gut gekühlt am besten.

TANTE LENES TIPP

Dieses Rezept lässt sich mit Erdbeeren, Johannisbeeren, Brombeeren oder auch Heidelbeeren variieren. Für mehr Würze kann man 5 bis 6 rote Pfefferkörner beigeben.

HIMBEER
LIMES

HiMBEER
ESSiG

HIMBEER-ESSIG

ZUTATEN

250 g frische Himbeeren
500ml Weißweinessig

(1) Die Himbeeren vorsichtig waschen und auf Küchenkrepp abtropfen lassen. Danach in ein großes Einmachglas füllen, den Essig langsam darüber gießen und das Glas luftdicht verschließen.

(2) An einem dunklen Ort 2 bis 3 Wochen stehen lassen, alle 3 Tage aufschütteln. Nach 2 oder 3 Wochen den Essigansatz erst durch ein Haarsieb, dann durch ein Mulltuch filtrieren, die Himbeeren entfernen und den Essig in einzelne Flaschen abfüllen. Am besten kühl und dunkel lagern

TANTE LENES TIPP

Die Himbeeren eignen sich nach dem Abfiltern noch sehr gut für eine körnige Vinaigrette, die gut zu allen Arten von Blattsalaten passt:

3 EL Himbeeren vom Essigansatz
3 EL Walnussöl
3 EL Rapsöl
1 TL Senf
etwas Salz, weißer Pfeffer
1/2 TL Zucker
1 Schalotte, fein gewürfelt

JOHANN *
iSBEER

JOHANNIS-BEER-SEKT-GELEE

ZUTATEN

800 g rote oder gemischte Johannisbeeren
1 Piccolo Rose-Sekt (0,2 l)
500 g Gelierzucker 2:1:1

(1) Die Johannisbeeren säubern und abzupfen. Mit dem Sekt zusammen pürieren. Wer möchte, kann das Fruchtpüree noch durch ein Sieb reiben, um die Kerne zu entfernen. Dann den Gelierzucker zugeben und alles behutsam aufkochen lassen. Nach 4 Minuten Kochzeit vom Herd nehmen und noch heiß abfüllen.

(2) Möchten Sie die Marmelade ohne Alkohol, so ersetzen Sie den Sekt durch Orangensaft.

TANTE LENES TIPP

Johannisbeeren lassen sich mit einer Gabel prima von den Rispen trennen. Für dieses Rezept eignen sich auch Jostabeeren sehr gut.

WALNUSS-LIKÖR

TANTE LENES TIPP

Die beste Zeit der Ernte ist zwischen Johanni (24. Juni) und Mitte Juli. Die Nüsse müssen sich noch gut mit einer Nähnadel durchbohren lassen. Dieser Likör wirkt verdauungsfördernd und ist daher als Digestiv gut geeignet. Wer gerne weniger Alkohol möchte, kann das Rezept auch mit Rotwein ansetzen.

ZUTATEN

10 grüne Walnüsse
1 Zimtstange
5 ganze Gewürznelken
2 Sternanis
1 Vanilleschote
1 Zweig Zitronenverbene
200 g heller Kandiszucker
1 l Wodka oder Korn

(1) Die Nüsse je in 4 bis 5 Scheiben schneiden und mit dem Zucker, sowie den Gewürzen in ein Ansatzgefäß gegeben. (Hier eignet sich ein großes Einmachglas mit locker sitzendem Glasdeckel).
(2) Mit dem Alkohol übergießen.
(3) An einem warmen, sonnigen Platz mindestens 6 Wochen ziehen lassen. Zweimal pro Woche schütteln, damit sich der Zucker gut löst. Der Likör sollte sich dunkel bis schwarz färben.
(4) Nach diesen 6 Wochen filtern und in Flaschen abfüllen.
(5) Noch mindestens 2 Monate ruhend nachreifen lassen und dann zimmerwarm genießen.

WALNUSS
**
LIKÖR

MiT
*TONKA
BOHNE*

Pfirsich-Auf-Strich

Zutaten

1,4 kg gelbe Pfirsiche oder
1 kg Weinbergpfirsiche
500 g Gelierzucker 2:1
Saft von ½ Zitrone
1 kleine Tonkabohne

Tante Lenes Tipp

Der Weinbergpfirsich ist rot- bis tiefrotfleischig. Es gibt auch eine weiße Sorte, geschmacklich besteht zwischen diesen Sorten kaum ein Unterschied. Auch die sogenannten Plattpfirsiche eignen sich sehr gut für diesen Aufstrich. Weil die Weinbergpfirsiche kleinere Steine haben, braucht man von ihnen eine geringere Menge. Tonkabohnen kann man im Gewürzhandel, aber auch in der Apotheke kaufen. Ihr Geschmack erinnert an Vanille.

(1) Die Pfirsiche kreuzweise einritzen, mit kochendem Wasser überbrühen und abschrecken. Die Pfirsiche häuten, halbieren und entsteinen. Dann 1 kg Fruchtfleisch abwiegen. Die Weinbergpfirsiche sollten nicht geschält werden, dadurch wird das Aroma besser und die Farbe des Aufstrichs schöner.

(2) Anschließend das Fruchtfleisch in sehr kleine Stücke schneiden. Die Tonkabohne mit der Zitronenreibe fein reiben oder in einem Mörser zerstoßen. Pfirsiche, Gelierzucker und den Zitronensaft in einem großen Topf gut vermischen. Alles unter Rühren bei starker Hitze aufkochen. Dann unter ständigem Rühren mindestens 3 Minuten kochen lassen. Erst jetzt das Tonkabohnenpulver zugeben und nicht mitkochen lassen!

(3) Noch heiß in vorbereitete Twist-off-Gläser füllen und verschließen. Umdrehen und abkühlen lassen.

FEiGE

FEIGEN-AUF-STRICH

ZUTATEN

800 g frische Feigen
100 g getrocknete Feigen
100 ml Feigenschnaps
oder Obstler
500 g Gelierzucker
Saft einer halben Zitrone
1 Stück Vanilleschote

(1) Die getrockneten Feigen vom Stielansatz befreien und klein schneiden, dann über Nacht in den Schnaps einlegen. Am nächsten Morgen haben die Feigen den Schnaps fast ganz aufgesaugt, was noch übrig ist, kommt mit in die Konfitüre.
(2) Die frischen Feigen waschen und vierteln, dabei den Stielansatz ausschneiden. Die geviertelten Feigen in einen Topf geben und mit dem Gelierzucker bedecken. Mindestens 2 Stunden, am besten jedoch über Nacht in den Kühlschrank stellen.
(3) Danach beide Feigensorten mit der Vanilleschote und dem Zitronensaft aufkochen und 4 Minuten kochen lassen. Wer mag, püriert die Masse noch.
(4) Noch heiß in Gläser abfüllen.

TANTE LENES TIPP

Ich verwende gerne die späten kleinen Früchte unseres Feigenbäumchens, welche im Herbst nicht violett werden wollen. Wenn Sie die türkischen Früchte verwenden, wird die Farbe des Aufstrichs intensiver. Dieser Aufstrich ist wunderbar mild und fein abgerundet und schmeckt auch sehr gut zur Käseplatte oder mit Ziegenkäse vermischt als Füllung von Ravioli.

BROMBEER-AUF-STRICH

ZUTATEN

1 kg Brombeeren
500 g Gelierzucker
4 EL frische oder getrocknete Lavendelblüten

(1) Die Brombeeren mit dem Gelierzucker aufkochen und fein pürieren. (Wer keine Körnchen in seiner Marmelade mag, sollte die Masse nun durch ein Sieb streichen.)
(2) Dann die Lavendelblüten zugeben. Wer nur den Geschmack und nicht die Blüten mag, füllt die Lavendelblüten in einen Teebeutel und entfernt diesen vor dem Abfüllen wieder.
(3) Die Masse 4 Minuten kochen lassen und noch heiß in Gläser füllen.

TANTE LENES TIPP

Oft gibt es eine regelrechte Brombeerschwemme, und man hat am Saisonende zu viele Marmeladengläser gefüllt – hier ein einfaches und leckeres Eisrezept mit Brombeermarmelade:

1 Glas (290 g)selbstgemachte Brombeermarmelade,
1 Becher (200 ml) Sahne, 1 Becher (200 g) Joghurt,
2 Pk. Vanillezucker

Brombeermarmelade mit Vanillezucker zu der Sahne und dem Joghurt geben und alles gut vermengen. Diese Masse in eine Schüssel geben und mindestens 4 Stunden einfrieren. Um eine homogene Eismasse zu erhalten, sollte man die Masse alle 30 Minuten umrühren. 5 Minuten vor dem Servieren aus dem Gefrierfach nehmen, dann lässt sich die Eismasse besser portionieren.

BROM*
BEER
LAVENDEL

BROMBEER-AUFSTRICH MIT ZUCCHINI

ZUTATEN

600 g Brombeeren
400 g Zucchini
500 g Gelierzucker 2:1

(1) Die Zucchini fein raspeln und in einem feinen Sieb ausdrücken, damit die Marmelade nicht zu wässrig wird. Dann mit den geputzten Brombeeren und dem Gelierzucker 4 Minuten aufkochen lassen und heiß abfüllen.

TANTE LENES TIPP

Ein tolles Rezept für die alljährliche Zucchini- und Brombeerschwemme. Dieser Aufstrich eignet sich auch gut für die Crostata (S. 78).

HERBST

ZWET.
SCHGE

ZWETSCHGEN IM DUNST

ZUTATEN

1 kg Zwetschgen
500 g Zucker
1 Sternanis
½ Zimtstange
1 Nelke
1 Stück unbehandelte Orangenschale

(1) Die Zwetschen entsteinen, jedoch nicht ganz in zwei Hälften trennen, sondern an einem Stück lassen. Die Früchte ganz eng in ein Twist-Off- oder Einmachglas einlegen. Die Gewürze seitlich von innen an die Glaswand drücken und das Glas verschließen. Bei 90 Grad für 30 Minuten im Einkochautomaten einkochen (s. S. 9).

(2) Die Zwetschgen werden nur in ihrem eigenen Saft bzw. Dampf oder Dunst eingekocht, das heißt, man muss keine Flüssigkeit in die Gläser hinzugeben.

TANTE LENES TIPP

„Viel hilft viel" – dieser Spruch passt hier nicht! Die Gewürze ziehen nach, also bitte nicht mehr verwenden, als im Rezept angegeben!
Dieses Kompott schmeckt zu klassischem Vanillepudding oder auch zu einfachem Milchreis ganz köstlich.

Zwetschgen-Chutney

ZUTATEN

1 kg Zwetschgen
100 g Zwiebeln
50 g getrocknete Äpfel
200 g brauner Zucker
200 ml Orangensaft
300 ml Weißwein- oder Apfelessig
1 TL Senf
1 TL Chilipulver
5 Wacholderbeeren
1 TL gemahlener Kardamom
2 TL Ingwerpulver
2 Lorbeerblätter
½ TL Zimt
Honig

(1) Die Zwetschgen in kleine Stücke schneiden, die Zwiebeln klein würfeln, die getrockneten Apfelstücke klein schneiden und diese Zutaten beiseite stellen.

(2) In einer hohen Pfanne den Zucker unter ständigem Rühren zu einer zähen Masse karamellisieren lassen, dann mit dem Orangensaft und dem Essig ablöschen. Sollte sich das Karamell nicht auflösen, so ist dies nicht schlimm, das verkocht sich im Verlauf.

(3) Nun werden die Zwetschgen, Äpfel und Zwiebeln sowie die Gewürze dazugegeben.

(4) Unter ständigem Rühren 20 Minuten köcheln lassen. Danach mit Honig abschmecken.

(5) Möchte man das Chutney nicht ganz so stückig, sollte man zunächst die Lorbeerblätter entfernen und danach das Chutney pürieren. Etwas fester wird das Chutney, wenn man statt des Zuckers Gelierzucker 2:1 verwendet.

TANTE LENES TIPP

Das Chutney kann auch mit 750 g getrocketen Zwetschgen und einem frischen Apfel hergestellt werden. Dann lässt man 100 g Zucker weg.

CHUTNEY

TRAUBEN-TOMATEN-GELEE

ZUTATEN

750 g grüne Trauben
250 g möglichst reife Tomaten
500 g Gelierzucker 2:1

(1) Die abgezupften Trauben zusammen mit den in Viertel geschnittenen Tomaten weichkochen. Bei saftigen Tomaten muß kein Wasser zugefügt werden. (Ansonsten nur soviel Wasser, dass die Früchte nicht anbrennen). Bei mir dauert dies in der Regel 20 Minuten. Danach im Topf abkühlen lassen.
(2) Die gekochte Masse wird durch ein Sieb oder die Flotte Lotte passiert.
(3) Auf 750 g Flüssigkeit wird 500 g Gelierzucker zugefügt und das Ganze weitere 4 Minuten gekocht.
(4) Gelierprobe nicht vergessen! Noch heiß in Gläser abfüllen.

TANTE LENES TIPP

Dieses Rezept funktioniert auch mit unreifen Trauben. Ebenso können die Trauben durch einen ½ l Traubensaft ersetzt werden.

TRAUBE
TOMATE

TRAUBE
MINZE

Trauben-Minze-Gelee

ZUTATEN

1 kg grüne Trauben
1 großer Bund Minze (Orangenminze, Nana-Minze oder Pfefferminze)
500 g Gelierzucker 2:1

(1) Die Trauben in den Dampfentsafter geben und entsaften. Den Saft abkühlen lassen. 750 ml abmessen, falls nötig mit Wasser auffüllen.

(2) Die gewaschene und trocken geschüttelte Minze mit Bindfaden zusammenbinden, am Topfgriff befestigen und im Saft hängend mitkochen lassen. Nun den Gelierzucker zugeben und 4 Minuten kochen lassen.

(3) Gelierprobe nicht vergessen! Noch heiß in Gläser abfüllen.

TANTE LENES TIPP

Man kann die Minze auch gemeinsam mit den Trauben in den Entsafter geben, dadurch wird das Minzaroma intensiver. Vor dem Abfüllen kann man noch ein Minzblatt in das Glas geben. Kurz vor dem Beenden des Geliervorgangs noch einmal das Glas drehen, damit das Blatt in der Glasmitte bleibt.

APFEL-MOST-GELEE

FÜR 6 GLÄSER

0,7 l Apfelmost (Apfelwein) oder Cidre
500 g Gelierzucker 2:1
5 EL gemischte getrocknete Kräuter,
z. B. Thymian, Lavendel, Rosmarin, Wildfenchel oder auch Kräuter der Provence

1 Tee-Ei

TANTE LENES TIPP

Dieses Gelee schmeckt wunderbar zu reifem Käse und ist eine gute Grundlage für eine würzige Salatsoße.

(1) Den Gelierzucker in den Apfelmost rühren, die Flüssigkeit langsam aufkochen. Nicht aus den Augen lassen, die Masse schäumt gerne! 2 Esslöffel Kräuter ins Tee-Ei oder in ein Gazesäckchen füllen und 4 Minuten mitkochen. In jedes Glas einen halben Teelöffel Kräuter geben und die Masse noch heiß in die Gläser füllen.

(2) Immer wieder während des Gelierprozesses die Gläser leicht schütteln, damit sich die Kräuter schön im Glas verteilen. Vergisst man dies, sammeln sich die Kräuter an der Oberfläche des Gelees.

FRZ
KRÄUTER
APFEL
GELEE
APFELBAUM

BRAT
APFEL

BRAT-APFEL-MARMELADE

ZUTATEN

1 kg Äpfel
70 g Mandelblättchen
100 ml Amaretto
1 TL Zimt
1 Msp. gemahlene Nelken
(oder statt Zimt und Nelken:
1 TL Lebkuchengewürz)
500 g Gelierzucker

nach Geschmack: 70 g Rosinen
oder getrocknete Cranberries

(1) Die Äpfel vom Kernhaus befreien und mit der Schale in kleine Würfel schneiden. (So ist das Aroma intensiver). Beiseite stellen.

(2) Nun die Mandelblättchen in einem großen Topf hellbraun rösten und mit dem Amaretto ablöschen.

(3) Jetzt kommen die Apfelwürfel dazu und werden unter Rühren langsam weich gekocht. Dann die Gewürze und eventuell die Rosinen mit dem Gelierzucker hinzugeben und das Ganze 4 Minuten kochen lassen.

(4) Ich püriere die Marmelade gerne, sie schmeckt aber auch stückig gut.

TANTE LENES TIPP

Sollten die Äpfel sehr mehlig sein, dann kann man 100 ml Apfelsaft oder Wasser zugeben.

BIRNEN
GELEE

BIRNENGELEE MIT ESTRAGON

ZUTATEN

0,75 l Birnensaft, am besten natürlich selbst kalt gepresst
3-4 Stiele Estragon
500 g Gelierzucker 2:1

(1) Birnensaft mit Gelierzucker aufkochen und 4 Minuten kochen lassen.
(2) In dieser Zeit den gewaschenen und abgeschüttelten Estragon kleinschneiden und in die Gläser verteilen. Dann mit dem heißen Gelee auffüllen und schnell verschließen.
(3) Beim Abkühlen immer wieder leicht schütteln, damit sich der Estragon schön im Glas verteilt.

TANTE LENES TIPP

Estragon passt mit seinem zarten Anisaroma wunderbar zur Birne.
Kauft man auf dem Markt ein Bund Estragon, so kann man aus dem Rest noch ein leckeres Pesto zaubern: 70 g geröstete Nüsse oder Mandeln, 1 Knoblauchzehe, 100 g Olivenöl, 50 g geriebenen Bergkäse oder Pecorino und ½ Teelöffel Senf mit dem restlichen Estragon pürieren und mit Salz und Pfeffer abschmecken, zum Aufbewahren mit einer Schicht Olivenöl abdecken.
Schmeckt lecker zu Käse, Fleisch oder Fischfilet.

BIRNENAUF-STRICH

ZUTATEN

700 g Birnen
100 g Walnüsse
200 g Hagebuttenmark
100 ml Birnen-oder Apfelsaft
500 g Gelierzucker 2:1

(1) Die Walnüsse kleinhacken und trocken in der Pfanne anrösten. Nun die Birnen waschen, schälen und sehr klein würfeln, zu den Walnüssen geben und mit 100 ml Saft unter sanftem Rühren weich kochen. Das Hagebuttenmark und den Gelierzucker hinzugeben.

(2) 4 Minuten kochen lassen und noch heiß abfüllen.

TANTE LENES TIPP

Nüsse lassen sich leicht ohne Mahlwerk zerkleinern: Dazu gibt man die Nüsse in einen Gefrierbeutel, schließt diesen gut und rollt mehrmals mit dem Nudelholz darüber.
Hagebuttenmark oder schwäbisch „Hägenmark" wird aus Hagebutten hergestellt, die man etwa eine Woche lang lagert, bis sie weich geworden sind. Dann werden sie mit etwas Wasser püriert und durch die „Flotte Lotte" gedreht, um die Kerne zu entfernen. Danach noch einmal durch ein Passiertuch geben, um die Fruchthärchen zu entfernen! Das so gewonnene Fruchtmark wird abgewogen und mit der entsprechenden Menge Gelierzucker aufgekocht – fertig ist das Hägenmark.

JUWEL
schmeckt so gut
BIRNE
HAGE*
BUTTE
WAL*
NUSS
DÖRR
BIRNE

ROTE
BIRNEN

ROTE BIRNEN

ZUTATEN

1 kg Birnen, möglichst gleich große Früchte
300 g Zucker
1 l Wasser
0,5 l Johannisbeersaft

(1) Kleine Birnen können ganz, auch mit Schale, eingekocht werden. Größere Birnen schält man und teilt sie in Viertel oder Hälften und entfernt das Kernhaus.
(2) Wasser und Saft kurz erhitzen und den Zucker darin auflösen. Dann die Fruchtstücke locker ins Einweckglas legen und mit dem Zucker-Wasser-Saft-Gemisch übergießen.
(3) 30 Minuten bei 90 °C im Einweckautomaten (s. S. 9) erhitzen.

TANTE LENES TIPP

Achtung: Überreife Früchte eignen sich nicht zum Einkochen, denn sie zerfallen im Glas und werden matschig. Unreife Früchte eignen sich ebenso wenig, denn diese Früchte bleiben hart und saftlos.
Am besten eine Frucht aufschneiden und sich von der optimalen Beschaffenheit überzeugen: Das Fleisch sollte fest und die Kerne sollen dunkelbraun gefärbt sein. Birnen sind empfindliche Früchte und bekommen leicht Druckstellen, die schnell zu faulen beginnen. Also bitte vorsichtig lagern.

QUITTEN-AUFSTRICH MIT SCHOKO

TANTE LENES TIPP

Auch weiße Kuvertüre ist für dieses Rezept gut geeignet. Dieser Aufstrich schmeckt warm wunderbar zu Nachtischen oder auf Eis.

ZUTATEN

1,5 kg Quitten, verarbeitet gewogen
500 ml Quittensaft, ersatzweise Apfelsaft

1 kg Gelierzucker 2:1
400 g weiße Schokolade

(1) Die Quitten abreiben, um den Flaum zu entfernen. Dann vierteln, das Kernhaus herausschneiden und die Viertel in Würfel schneiden. Die Quittenwürfel im Saft langsam gar köcheln. Dann fein pürieren und danach den Gelierzucker hinzugeben. 4 Minuten lang kochen lassen. Den Topf vom Herd nehmen.

(2) Nun die in kleinere Stücke gebrochene Schokolade unter ständigem Rühren in der Masse schmelzen lassen. Sobald eine homogene Masse entstanden ist, in Gläser abfüllen.

WEiSSE
*
SCHOKO

* SIRUP.
UNVERKÄUFLICHES
EIGENTUM

Sirup aus zweierlei Quitten

ZUTATEN

1,2 kg Apfel- oder Birnenquitten
800 g Zierquitten
2 l Wasser
1 kg Zucker

(1) Beide Quittensorten waschen und den Flaum abreiben. Danach die ganzen Früchte achteln. Mit Kernhaus und Zucker im Wasser ca. 2 Stunden lang im offenen Topf köcheln lassen. Immer wieder nachschauen, ob Wasser zugegeben werden muss.
(2) Dann den Sirup abkühlen lassen, durch ein Sieb filtern und den Rückstand durch ein Tuch pressen.
(3) Nun noch einmal aufkochen und heiß in sterilisierte Flaschen abfüllen.

TANTE LENES TIPP

Wer einen Dampfentsafter (s. S. 9) besitzt, hat es noch leichter. Geviertelte Quitten und Zucker in das Entsaftersieb schichten. 1 Stunde lang entsaften und noch heiß in Flaschen füllen. Zierquitten findet man in vielen Gärten. Sie enthalten viel Vitamin C und geben dem Saft Frische und Säure.

ZIERQUITTEN-PRALINE

ZUTATEN

3 größere Zierquitten
100 g Zucker
150 g Weiße Schokolade

Pralinenförmchen
Lavendelblüten zur Deko

(1) Die gewaschenen Zierquitten vierteln und vom Kerngehäuse befreien. In einem kleinen Topf mit dem Zucker und 100 ml Wasser weich kochen. Diese Masse noch heiß durch ein feines Sieb streichen.
(2) 50 g vom Quittenmus abmessen. 150 g Schokolade in Stücken dazugeben und unter Rühren bei schwacher Hitze vorsichtig schmelzen. Sobald eine homogene Masse entstanden ist, in Pralinenförmchen füllen und mit den Lavendelblüten dekorieren.
(3) Kühl aufbewahren.

TANTE LENES TIPP

Dieses säuerlich-süße Konfekt passt gut zum Kaffee oder einem (Quitten-)Likörchen.

ZIER

QUITTEN
SENF *

QUITTEN-SENF

ZUTATEN

300 g ganze gelbe Senfkörner oder Senfpulver (mild)
250 g Cidre
200 g Quittenmarmelade (oder 2 gekochte Quitten ohne Kernhaus und 100 g Zucker)
200 ml heller Balsamico oder Apfelessig
1 EL Salz
1 TL Ingwerpulver

TANTE LENES TIPP

Senfkörner werden leicht bitter, wenn sie beim Mahlen zu stark erhitzt werden. Daher lagere ich Senfkörner immer in der Gefriertruhe und taue sie nicht auf, sondern verarbeite sie gefroren, damit hält man das Risiko der Überhitzung sehr klein. Zum Mahlen verwende ich den Blitzhacker, es geht aber auch mit dem Pürierstab in einem sehr engen Gefäß. Senf hält sich an einem kühlen, dunklen Ort mindestens 1 Jahr. Angebrochene Gläser sollten in den Kühlschrank.

(1) Senfkörner mahlen, mit dem Cidre begießen und gut mischen, mindestens 4 Stunden quellen lassen. Die Quitten und den Zucker oder alternativ die fertige Marmelade hinzuzugeben und gut durchrühren. Die restlichen Zutaten hinzugeben und gut durchrühren. Die Masse in Gläser abfüllen. Nicht abkochen! Der Essig macht den Senf auch so haltbar.

(2) Senf bekommt erst nach ein paar Tagen seine eigentliche Konsistenz und den typischen Geschmack. Daher vor dem Genuss am besten mindestens eine Woche reifen lassen.

SCHLEHEN-MARMELADE

ZUTATEN

750 g Schlehen
2 Apfelquitten
0,25 l Orangensaft
500 g Gelierzucker 2:1
½ TL Lebkuchengewürz

(1) Schlehen in einen großen Topf geben. Quitten schälen, das Kernhaus ausschneiden, das Fruchtfleisch in kleine Stücke schneiden und zu den Schlehen in den Topf geben. Mit Orangensaft und Wasser aufgießen, bis die Früchte bedeckt sind. Nun das Lebkuchengewürz zugeben und die Fruchtmasse 25 Minuten weich kochen. Etwas abkühlen lassen.

(2) Das Fruchtmus mit der Flotten Lotte oder durch ein grobes Sieb in einen Kochtopf passieren. Das Mus mit dem Gelierzucker vermischen und 4 Minuten unter ständigem Rühren kochen lassen.

TANTE LENES TIPP

Schlehen brauchen Frost, um genießbar zu werden. Sonst bleiben zu viele Bitterstoffe in der Frucht zurück. Daher sollten Sie erst nach dem ersten Frost geerntet werden. Wenn der Frost auf sich warten lässt, frostet man die Schlehen einfach über Nacht im Gefrierschrank.

SCHLEHE SENF
SCHLEHE

SÜSS-SAUER EINGELEGTE MISPELN

ZUTATEN

1 kg reife, weiche Mispeln
600 ml Wasser
500 g brauner Zucker
1 große Zwiebel
4 ganze Nelken
3 Kaffirlimettenblätter (getrocknet oder frisch, aus dem Asia-Laden), ersatzweise 1 TL Zitronengras oder abgeriebene Limettenschale
1 Zimtstange
5 Pfefferkörner

TANTE LENES TIPP

Mispeln gehören wie Apfel, Birne oder Quitte zu den Rosengewächsen. Die braunen kugeligen Früchte sind bis zum ersten Frost steinhart, danach werden sie weich und mehlig und können auch roh verzehrt werden. Sie halten sich dann aber nicht mehr lange und sollten gleich nach der Ernte verarbeitet werden. In milden Lagen wachsen Mispeln bei uns auch wild. Bevor sie Früchte tragen, sehen die Sträucher aus wie Quittensträucher.

(1) Die Mispeln mit einem Zahnstocher ringsum einstechen, große Früchte vierteln. Den Zucker leicht anrösten und mit dem Essig-Wasser-Gemisch ablöschen. Diese Mischung köcheln lassen, bis der Zucker sich vollständig aufgelöst hat. Nun die Gewürze und die vorbereiteten Mispeln hinzugeben und alles 10 Minuten ziehen lassen.

(2) Danach die Früchte in Gläser füllen und mit dem heißen Sud bedecken. Die Gläser sofort verschließen und zum Auskühlen auf den Kopf stellen.

(3) Die eingelegten Mispeln sollten noch 2 Wochen durchziehen. Nun schmecken sie prima als Beilage zu Fleischgerichten, Käse oder auch Fisch.

WINTER

Tante Lenes Rezepte
aus dem Vorrat

RUMTOPF

ZUTATEN

Zeit (die wichtigste Zutat)
pro kg Frucht: ½ kg Zucker
Rum mit mindestens 45 Volumenprozent Alkohol
die Menge ist abhängig von der Größe des Topfes
2 Vanilleschoten,
3 Anissterne

FRISCHE FRÜCHTE DER SAISON, GEEIGNET SIND:

Erdbeeren | entsteinte Kirschen | Himbeeren (nicht waschen, nur verlesen) | Pfirsiche und Aprikosen (für 2 Minuten in kochendes Wasser legen, enthäuten, entsteinen und in Stücke schneiden) | Stachelbeeren | Johannisbeeren (vom Stiel gezupft) | Zwetschgen (halbiert und entsteint) | reife Weintrauben | Walnüsse (halbiert)

NICHT GEEIGNET SIND ÄPFEL, QUITTEN UND BIRNEN

(1) Für den Rumtopf braucht man einen großen Topf mit Deckel, den man über das Jahr an einer Stelle stehen lassen kann. Begonnen wird der Rumtopf im Frühsommer mit Erdbeeren. Diese wiegt man ab und gibt die Hälfte des Gewichts an Zucker hinzu. 1 Vanilleschote und 1 Anisstern werden ebenso hinzugegeben. Dann wird mit Rum aufgefüllt, bis die Früchte bedeckt sind.

(2) Sollten Früchte oben auf der Flüssigkeit treiben, werden sie mit einem Teller beschwert und dadurch nach unten gedrückt.

(3) Ebenso verfahre ich im Jahresverlauf mit den weiteren Früchten. Die zweite Vanilleschote und die beiden weiteren Anissterne sollten etwa nach der Hälfte der Zeit in den Topf kommen.

(4) Da der Rumtopf Zeit zum Durchziehen benötigt, sollte er nicht vor dem 4. Advent genossen werden.

TANTE LENES TIPP

Denken Sie an die Füllmenge ihres Rumtopfes. Lieber von jeder Sorte nur 200 g Früchte, damit das Ergebnis ausgewogen bleibt. Bei mir hängt immer ein Zettel am Topf, auf dem ich eintrage, was schon drin ist, ansonsten verliert man leicht den Überblick.

APFEL * BROT

APFELBROT

ZUTATEN FÜR EIN 500-ML-WECK-GLAS

Für die Backmischung:
100 g Vollkornmehl
30 g Walnüsse
60 g Rohrzucker
80 g Weizenmehl
1 TL Backpulver
20 g getrocknete Berberitzen oder Cranberries
1 Prise Salz
2 Prisen gemahlener Zimt
30 g getrocknete Apfelscheiben

Erst beim Backen hinzufügen:
200 ml Apfelsaft

(1) Die Zutaten nach Belieben ins Glas schichten. Je sorgfältiger, desto schöner sieht es aus.

(2) Für das Apfelbrot den Backofen auf 200°C vorheizen. Den Inhalt des Glases in eine Schüssel geben und mit dem Apfelsaft gut verrühren. Das Weck-Glas ausbuttern, den Teig im Glas (ohne Deckel) 50 Minuten backen. Nach dem Erkalten stürzen und in Scheiben schneiden. Dick Butter drauf – lecker!

TANTE LENES TIPP

Nicht nur im Herbst ein schönes Geschenk: An das Glas die Backanleitung anhängen!

CROSTATA

ZUTATEN

375 g Mehl
60 g Zucker
125 g Butter, in Würfel geschnitten
1 ganzes Ei plus 1 Eigelb
1 Messerspitze Salz
die abgeriebene Schale einer
unbehandelten Zitrone
1 großes Glas Marmelade,
z. B. Brombeere mit Lavendel (S. 40)

(1) Den Backofen auf 190° C vorheizen.

(2) Aus Mehl, Butter, Zucker und Zitronenschale einen glatten Teig kneten. Etwa ein Viertel des Teiges für das Gittermuster zurückbehalten, den restlichen Teig ausrollen. Eine Tarte- oder Springform einfetten und mit dem ausgerollten Teig auslegen. Der Teig sollte am Rand etwa 1,5 cm hoch reichen.

(3) Den Teigboden zunächst mit einer Gabel mehrmals einstechen und dann dick mit Marmelade bestreichen.

(4) Den zurückbehaltenen Teig ausrollen und in lange Streifen schneiden, am schönsten sehen sie mit dem Teigroller geschnitten aus. Auf dem Kuchen ein Gittermuster aus den Streifen legen und alles ungefähr 20 Minuten backen.

TANTE LENES TIPP

Diese italienische Variante der Linzer Torte ist schnell gemacht, und die Zutaten sind meist im Haus.

CROS*
TATA

MARONI-KEKSE

ZUTATEN

500 g Maroni, geschält (ohne Schale gewogen)
240 g Zucker
1 Ei
300 g Mehl
250 g Butter
2 EL Vanillezucker
1 Ei

zur Deko:
getrocknete Berberitzen

TANTE LENES TIPP

Man kann auch Kugeln formen und ohne Pralinenförmchen ausbacken.

(1) Um Kastanien zu schälen, ritze ich die flache Seite mit einem kleinen scharfen Messer kreuzweise ein. Dann gebe ich sie bei 200 Grad für 10 bis 12 Minuten in den Backofen. Jetzt lassen sie sich gut schälen und sind vorgegart.

(2) Die geschälten Maronen wiege ich ab und zerkleinere 500 g mit dem Stabmixer zu einer krümeligen Masse.

(3) Die Butter schmelzen und nun alle Zutaten zusammenkneten, es sollte ein weicher Teig entstehen. Diesen noch zimmerwarm in die Tüllspritze füllen und kleine Häufchen in Pralinenformen spritzen.

(4) Auf jeden Keks eine Berberitze aufsetzen und die Förmchen für mindestens 20 Minuten in den Kühlschrank stellen. Wichtig: Lässt man diesen Schritt aus, zerfließen die Kekse!

(5) Den Backofen auf 200 Grad vorheizen und die Kekse auf einem Backblech bei Ober- und Unterhitze ca. 20 Minuten backen.

MARONI!

ENERGIE

ENERGIE-KUGELN

ZUTATEN

300 g getrocknete Früchte:
z. B. Äpfel, Birnen, Zwetschgen, Aprikosen oder Rosinen
100 g gemahlene Walnüsse
10 g Sesam oder gemahlene Haselnüsse zum Wälzen
Etwas Honig als Kleber
Eventuell Haferflocken

(1) Die getrockneten Früchte und die Nüsse mit dem Pürierstab oder einem Blitzhacker pürieren und mit dem Honig zu einer homogenen Masse zusammenfügen.
(2) Sollte die Masse zu feucht sein, kann man mit Haferflocken oder Haselnüssen eine festere Konsistenz erreichen.
(3) Die Fruchtmasse zu einer daumendicken Rolle formen und walnussgroße Stücke abschneiden.
(4) Daraus Kugeln formen und in gemahlenen Haselnüssen oder Sesamsaat wälzen.
(5) Kühl und trocken lagern.

TANTE LENES TIPP

Als Geschenk sehen die Energiekugeln hübsch aus, wenn man sie in Pralinenförmchen füllt.

DOMINO-STEINE

LEBKUCHENTEIG

120 g Mehl
100 g Zucker
100 g Haselnüsse
1 TL Lebkuchengewürz
1 TL Vanillezucker
1 TL Backpulver
½ TL Zimt
80–100 ml Milch
50 g flüssige Butter
1 EL Honig
1 Ei

QUITTENGELEE

200 ml Quittensaft, ersatzweise Apfelsaft
2 EL Zucker
8 g Pektin (Seite 12)

MARZIPAN, SELBSTGEMACHT

100 g Mandeln
100 g Puderzucker
10 ml Rosenwasser

alternativ
200 g Marzipanrohmasse

SCHOKOLADENGUSS

200 g Kuvertüre, je nach Laune weiß, braun oder schwarz

TANTE LENES TIPP

Wer den Lebkuchen nicht selbst backen will, kann ihn auch durch holländischen Frühstückskuchen ersetzen.

Lebkuchen

(1) Den Backofen auf 200 °C vorheizen. Die Zutaten für die Lebkuchen mit dem Rührgerät zu einem festen Teig vermengen.

(2) Ein Backblech mit Backpapier auslegen, darauf die Hälfte des Teiges gleichmäßig verstreichen. Bei 200° C ca.15 Minuten backen und auskühlen lassen. Mit der zweiten Hälfte des Teiges ebenso verfahren.

Quittengelee

(1) Den Saft mit dem Pektin und 2 Esslöffeln Zucker mischen und kurz aufkochen lassen. Unter Rühren im Topf abkühlen lassen, bis die Masse fest, aber noch streichfähig ist.

(2) Auf eine der Lebkuchenplatten streichen und dort vollständig abkühlen lassen.

Marzipan

(1) Die Mandeln in eine Schüssel geben, mit kochendem Wasser übergießen und 5 bis 10 Minuten einweichen. Das Wasser abgießen. Die Mandeln zwischen Daumen und Zeigefinger aus der Haut drücken und anschließend 2 Minuten ausdampfen lassen.

(2) Die Mandeln im Blitzhacker so lange fein mahlen, bis das Öl austritt. Die gemahlenen Mandeln, Puderzucker und Rosenwasser in einen ausreichend großen Topf geben, bei leichter Hitze und unter ständigen Rühren zu einer gleichmäßigen Masse verarbeiten, bis sich der Puderzucker aufgelöst hat. Das Marzipan zu einer Rolle formen, in Frischhaltefolie wickeln und mindestens 1 Stunde im Kühlschrank ruhen lassen.

Die Dominosteine

(1) Das Marzipan zwischen zwei Lagen Frischhaltefolie zu einer großen dünnen Platte ausrollen. Die Marzipanplatte auf das abgekühlte Gelee legen. Darauf kommt die zweite Lebkuchenplatte. Vorsichtig aufsetzen und leicht andrücken.

(2) Die Kuvertüre im Wasserbad erhitzen. Nun die geschichteten Platten in kleine Quadrate schneiden und mit der flüssigen Kuvertüre überziehen, am besten mit einem kleinen Löffel.

(3) Solange die Kuvertüre noch warm ist, Walnüsse oder Trockenfrüchte als Dekoration auf die Dominosteine legen.

Das Freilichtmuseum in Beuren oder

WIE DIESES BUCH ENTSTAND

Früchte zu ernten und Marmelade zu kochen ist das eine, sie in Szene zu setzen und hübsch zu fotografieren ist etwas ganz anderes. Auf der Suche nach einer Küche, die uns an Tante Lene erinnerte, sind wir dabei schnell auf das Freilichtmuseum in Beuren gestoßen: Hier gibt es sie noch, die Bauernküchen mit ihren Büffets, den Kohleherden und den Spülsteinen aus Terrazzo, die Bauerngärten mit Streuobstwiesen und Küchenkräutern. Hier wird die „gute alte Zeit" lebendig gehalten. Für mich verkörpert dies das Backhäusle aus Sulzgries, an dem ich täglich auf dem Schulweg vorbei lief. Als es Neubauten weichen musste, fand es im Freilichtmuseum zu seiner alten Bestimmung zurück, und ich kann es nun dort besuchen und an Backtagen selbst mitbacken.

Und dazu gibt es ja auch noch den Tante-Helene-Laden: Nicht zu verwechseln mit meinem Tante-Lene-Lädchen ist er ein original erhaltener alter Laden, nämlich der Colonialwarenladen Schach, der zuletzt von Helene Schach betrieben wurde. Heute hat ihn der Förderverein des Museums mit Hilfe vieler Ehrenamtlicher zu neuem Leben erweckt: Wo sonst kann man noch Bonbons lose kaufen und wo werden Brausestäbchen noch einzeln verpackt? Es gibt Erbswurst, Lindes Kaffee, Musmehl, Alblinsen oder auch Springerlesmodel, aller Art und viele regionale Produkte. Auch mein eigenes Tante-Lene-Lädchen in Esslingen-Mettingen ist ein solches Kleinod, in dem am Stadtrand von Esslingen liebevoll Gestaltetes verkauft wird.

Besonders habe ich mich gefreut, als ich hörte, dass auch unser Fotograf, Sven Falk, schon ehrenamtlich für das Museum Fotos gemacht hatte. Für uns beide waren die Fototermine daher sozusagen ein Heimspiel, und wir hoffen, dass die Bilder nicht nur Lust auf die Marmeladen machen, sondern auch auf einen Abstecher in die gute alte Zeit (die manchmal auch recht hart sein konnte) nach Beuren oder in mein Tante-Lene-Lädchen nach Esslingen.

FREILICHTMUSEUM BEUREN

Museum des Landkreises Esslingen für ländliche Kultur
In den Herbstwiesen / 72660 Beuren
Infotelefon 07025 91190-90
info@freilichtmuseum-beuren.de
www.freilichtmuseum-beuren.de

Öffnungszeiten: Ende März bis Anfang November,
Dienstag bis Sonntag 9:00 bis 18:00 Uhr

Tante-Helene-Lädle: In der Museumssaison
Dienstang bis Samstag 12:30 bis 17:30 Uhr
Sonn- und Feiertage: 11:00 bis 17:30 Uhr

TANTE-LENE-LÄDLE

Selbstgemachtes zum Verschenken und
Selbstbehalten in Esslingen-Mettingen
Öffnungszeiten und Aktuelles unter
www.tante-lene.de

ETIKETTEN